¡Es Día de San Patricio!

por Richard Sebra

BUMBA
BOOKS™
en español

EDICIONES LERNER ◆ MINEÁPOLIS

Muchas gracias a José Becerra-Cárdenas, maestro de segundo grado en Little Canada Elementary, por revisar este libro.

Nota a los educadores:

A través de este libro encontrarán preguntas para el pensamiento crítico. Estas preguntas pueden utilizarse para hacer que los lectores jóvenes piensen críticamente del tema con la ayuda del texto y las imágenes.

ediciones Lerner
Una división de Lerner Publishing Group, Inc.
241 First Avenue North
Mineápolis, MN 55401, EE. UU.

Si desea averiguar acerca de niveles de lectura y para obtener más información, favor consultar este título en www.lernerbooks.com

Library of Congress Cataloging-in-Publication Data

Names: Sebra, Richard, 1984– author.
Title: ¡Es Dí de San Patricio! / por Richard Sebra.
Other titles: It's St. Patrick's Day! Spanish
Description: Minneapolis : Ediciones Lerner, 2018. | Series: Bumba books en español. ¡Es una fiesta! | Includes bibliographical references and index. | Audience: Age 4–7. | Audience: K to grade 3.
Identifiers: LCCN 2017053124 (print) | LCCN 2017056159 (ebook) | ISBN 9781541507944 (eb pdf) | ISBN 9781541503526 (lb : alk. paper) | ISBN 9781541526662 (pb : alk. paper)
Subjects: LCSH: Saint Patrick's Day—Juvenile literature.
Classification: LCC GT4995.P3 (ebook) | LCC GT4995.P3 S4318 2018 (print) | DDC 394.262—dc23

LC record available at https://lccn.loc.gov/2017053124

Fabricado en los Estados Unidos de América
1-43847-33680-1/11/2018

Expand learning beyond the printed book. Download free, complementary educational resources for this book from our website, www.lerneresource.com.

Tabla de contenido

Día de San Patricio

El Día de San Patricio es una fiesta.

Es el 17 de marzo.

5

San Patricio vivió

en Irlanda.

Era un hombre religioso.

La gente en Irlanda

celebra a San Patricio.

Otros países también

lo celebran.

Todos pueden disfrutar

el Día de San Patricio.

Este desfile es en Japón.

Las ciudades hacen celebraciones especiales. Chicago es una ciudad en Illinois. La gente ahí pinta de verde el río de Chicago.

¿Por qué crees que pintan de verde el río el Día de San Patricio?

Las ciudades hacen desfiles.
La ciudad de Nueva York
tiene el más grande.
Los bailarines bailan
bailes irlandeses.

El verde es el color de Irlanda.

La bandera de Irlanda tiene verde.

Las personas se visten de verde en

el Día de San Patricio.

La gente también decora con verde.

Los tréboles son un símbolo irlandés.

La carne curada y la col son comidas irlandesas populares. Las personas lo comen en el Día de San Patricio.

¿Qué otras comidas puedes comer el Día de San Patricio?

El Día de San Patricio es divertido.

Es para celebrar todo lo irlandés.

¿Cómo celebras el Día de San Patricio?

Símbolos del Día de San Patricio

trébol

bandera irlandés

olla de oro

carne curada y col

ropa verde

Glosario de imágenes

bandera

una tela con patrón que representa a un país

fiesta

un día para celebrar

desfile

un evento que sucede en las calles para celebrar un día especial

trébol

planta pequeña verde con tres o cuatro hojas

23

Índice

Leer más

Landau, Elaine. *What Is St. Patrick's Day?* Berkeley Heights, NJ: Enslow
   Publishing, 2011.

Lindeen, Mary. *St. Patrick's Day.* Chicago: Norwood House Press, 2016.

Sebra, Richard. *It's Valentine's Day!* Minneapolis: Lerner Publications,
   2017.

Agradecimientos de imágenes

Las imágenes en este libro son utilizadas con el permiso de: © Jodi Jacobson/iStock.com, páginas 5,
23 (arriba a la derecha); © Design Pics Inc/Alamy Stock Photo, páginas 6–7; © Aduldej/Shutterstock.
com, páginas 8–9; © Kobby Dagan/Shutterstock.com, página 10; © Stuart Monk/Shutterstock.com,
páginas 12–13, 15, 23 (arriba a la izquierda), 23 (abajo a la izquierda); © jaroslava V/Shutterstock.
com, páginas 16, 22 (arriba a la izquierda), 23 (abajo a la derecha); © Brent Hofacker/Shutterstock.
com, páginas 19, 22 (abajo a la izquierda); © a katz/Shutterstock.com, página 20; © Susan Schmitz/
Shutterstock.com, página 22 (arriba a la derecha); © rmnoa357/Shutterstock.com, página 22 (abajo a
la derecha); © Naypong/Shutterstock.com, página 22 (en medio).

Portada: © Africa Studio/Shutterstock.com.